AF257348

PRÉCIS DE LA VIE

DE

SAINT BÉNIGNE

Martyr, Apôtre de la Bourgogne

PATRON DE LA VILLE, DE LA CATHÉDRALE

ET DE TOUT LE DIOCÈSE DE DIJON.

—

PAR B.-A. M...

« Prenez connaissance de la vie de votre saint
« patron. Lisez ou faites-vous lire sa vie dans un
« livre précieusement gardé. Informez-vous de
« lui, et ne négligez rien de ce qui le concerne.
« Comment, en effet, pourriez-vous aimer, esti-
« mer et honorer celui que vous ne connaissez
« point, lorsque vous ignorez où, comment et
« quand il a vécu? »

(*Le pieux* ALEX. DE HOHENLOHE.)

DIJON

F. GAGEY, LIBRAIRE
place Saint-Jean.

Mme VERNIER, LIBRAIRE
rue des Forges.

ET CHEZ TOUS LES LIBRAIRES DU DIOCÈSE.

1866

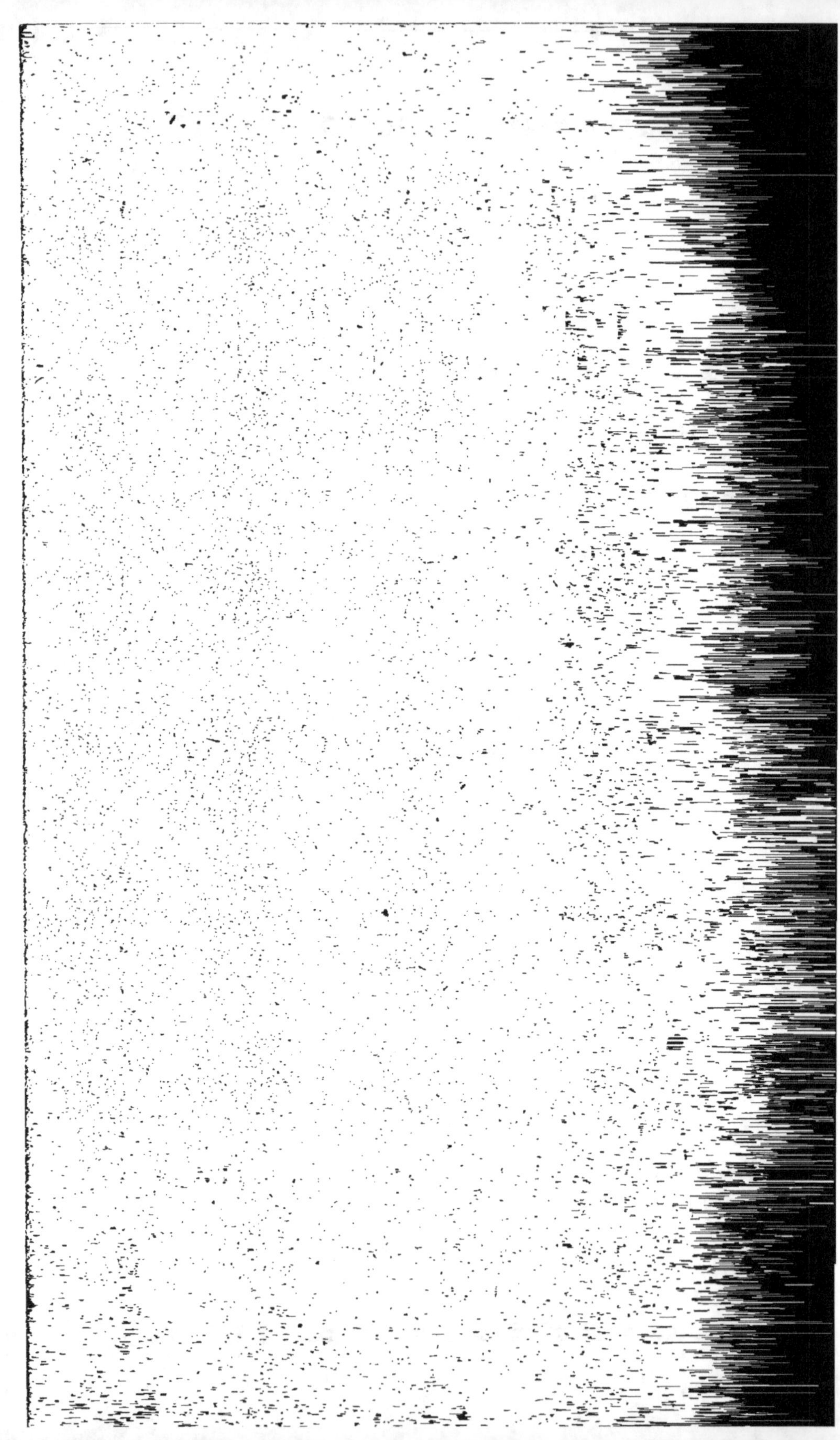

PRÉCIS DE LA VIE

DE

SAINT BÉNIGNE

—

PROPRIÉTÉ.

—

DIJON, IMPRIMERIE J.-E. RABUTÔT, PLACE SAINT-JEAN.

PRÉCIS DE LA VIE

DE

SAINT BÉNIGNE

Martyr, Apôtre de la Bourgogne

PATRON DE LA VILLE, DE LA CATHÉDRALE

ET DE TOUT LE DIOCÈSE DE DIJON.

—

PAR B.-A. M...

« Prenez connaissance de la vie de votre saint
« patron. Lisez ou faites-vous lire sa vie dans un
« livre précieusement gardé. Informez-vous de
« lui, et ne négligez rien de ce qui le concerne.
« Comment, en effet, pourriez-vous aimer, esti-
« mer et honorer celui que vous ne connaissez
« point, lorsque vous ignorez où, comment et
« quand il a vécu ? »

(*Le pieux* ALEX. DE HOHENLOHE.)

DIJON

F. GAGEY, LIBRAIRE
place Saint-Jean.

Mme VERNIER, LIBRAIRE
rue des Forges.

ET CHEZ TOUS LES LIBRAIRES DU DIOCÈSE.

1866

A SAINT GRÉGOIRE DE LANGRES

SAINT PONTIFE,

Cette petite Vie de saint Bénigne, humble fruit de ma piété filiale, je viens vous l'offrir. La reconnaissance et mon cœur m'en font un devoir.

Daignez donc l'accueillir, et placez-la sous vos auspices.

Dijon, ce jour des SS. Ferréol et Ferjeux, martyrs, 16 juin 1865.

BÉNIGNE-AUGUSTIN.

PRÉCIS DE LA VIE

DE

SAINT BÉNIGNE

I

Saint Bénigne naquit à Smyrne, au commencement du second siècle, d'une famille chrétienne originaire d'Ephèse. A sa naissance, la main du Très-Haut fut avec lui, et tout petit enfant qu'il était, il brûlait déjà d'un ardent amour pour Jésus-Christ.

De bonne heure ses parents le confièrent à saint Polycarpe, disciple de saint Jean et évêque de Smyrne, qui le forma à toutes les vertus et enflamma son jeune cœur du zèle apostolique. Dans la suite, l'ayant élevé au sacerdoce, il le destina, avec les saints Andoche, prêtre, Thyrse, diacre, Andéol, Irénée et quelques autres, à annoncer l'Évangile aux peuples des Gaules.

L'apôtre bien-aimé, en quittant la terre, lui avait recommandé le salut de ses peuples. Aussi l'avait-il fort à cœur ; et, quoique d'un âge très avancé, il eût lui-même accompagné ses missionnaires et étendu chez les Gaulois l'empire du divin Maître, mais il était trop nécessaire à l'Église d'Asie pour pouvoir la quitter.

Pour gouverner en son nom les âmes que ses généreux fils allaient conquérir à Jésus-Christ, il fit choix d'un prêtre vénérable par son âge, plus encore par ses vertus, et lui imposa les mains. — C'était le bienheureux Pothin, son tendre ami, et qui, comme lui, dans sa jeunesse, avait eu le bonheur de recevoir les instructions de saint Jean.

L'an 152, l'Ange de Smyrne allant visiter le souverain pontife saint Anicet, emmena à Rome ces nouveaux apôtres et les présenta au Saint-Père, qui les combla de bénédictions et approuva leur mission.

Ainsi bénis du Vicaire de Jésus-Christ, et ayant reçu de saint Polycarpe le baiser de paix, ils quittèrent Rome, dirent un éternel adieu à leur patrie, traversèrent les mers, et, conduits par la main du Seigneur, arrivèrent à Marseille. — Sainte Marie-Madeleine et saint Lazare avaient répandu sur cette cité les rayons de la foi. Ce dernier l'y avait scellée de son sang.

De là ils dirigèrent leurs pas sur Lyon. Mais saint Andéol s'arrêta dans les régions méridionales que baigne le Rhône : Carpentras et le Vivarais entendirent successivement sa voix. Il y fit une ample moisson pour le ciel, et y reçut la couronne du martyre.

Lyon, déjà évangélisée, comptait de nombreux chrétiens. Au milieu d'eux se fixa le vénérable évêque Pothin. Saint Irénée y resta aussi en retenant auprès de lui les deux jeunes frères saints Ferréol et Ferjeux, ses disciples, qui, plus tard, devinrent apôtres de la Séquanie (comté de Bourgogne), et souffrirent le martyre à Besançon, en 211.

Saint Irénée, ayant été établi prêtre de l'Église de Lyon par saint Pothin, en exerça les fonctions jusqu'à la mort de ce pontife-martyr. Il lui succéda et versa son sang pour la foi, sous l'empereur Septime-Sévère, après vingt-quatre ans d'un glorieux épiscopat.

Quant à saint Bénigne, notre auguste Père, accompagné de saint Andoche et de saint Thyrse, il s'avança dans cette partie de la Gaule connue depuis sous le nom de duché de Bourgogne, et vint à Autun. Un sénateur de cette ville, nommé Fauste, adorateur de Jésus en secret, les attendait et leur donna l'hospitalité. Il en fut bien récompensé : toute sa maison embrassa la Foi. L'illustre Symphorien était son fils. Ce jeune saint n'avait alors que trois ans. Saint Bénigne le baptisa et saint Andoche le releva des fonts.

Nonobstant les obstacles que leur suscitait l'ennemi des âmes, ils prêchèrent le Sauveur aux Eduens avec un empressement infatigable. Le Seigneur se plut à bénir leur zèle, et en quelques années, il se forma à Autun une fervente Église. Saint Bénigne en confia le soin à ses frères, et alla à Màcon avec deux disciples, qu'il y laissa pour répandre la parole de Dieu ; puis il partit pour Langres, où habitait Léonille, sœur de Fauste, chez laquelle il alla demeurer.

Cette dame l'accueillit comme l'envoyé du ciel, et se hâta de lui présenter ses petits-fils, dont elle demandait ardemment la conversion. Speusippe, Eleusippe et Méleusippe étaient frères jumeaux et avaient une vingtaine d'années. Bien jeunes, ils avaient eu à pleurer la mort prématurée de leur mère. Leur père les avait fait instruire dans toutes les sciences connues des païens, et avait su les rendre opiniâtres dans leurs extravagantes croyances, que lui-même avait professées jusqu'au dernier soupir.

Léonille, leur vénérable aïeule, avait essayé en vain de leur parler de la religion chrétienne, qu'elle pratiquait comme son frère. La gloire de cette conquête était réservée au saint apôtre. Il vit ces jeunes hommes, et les gagna... Ils furent pour Jésus-Christ les prémices de l'Église de Langres, et pour Bénigne de zélés auxiliaires,

*

qui n'épargnèrent rien pour le seconder dans sa mission. Aussi il se forma à Langres, en assez peu de temps, un noyau de généreux néophytes.

Originaire de la ville d'Éphèse, il avait pour la très sainte Vierge, qui y passa ses dernières années, et pour saint Jean, qui en fut évêque, une grande dévotion et un tendre amour. Il voulut les établir protecteurs et gardiens de sa nouvelle chrétienté, et l'Église de Langres, comme celle d'Autun, fut placée sous le vocable de Marie et de saint Jean.

Après avoir ainsi ruiné le paganisme dans cette ville et y avoir arboré la Croix, saint Bénigne, poussé par l'Esprit de Dieu, ne tarda pas à venir à Dijon.

Quoique Dijon fût alors peu considérable, une certaine renommée s'y rattachait, à cause d'un temple fameux qui s'y trouvait. Satan y régnait en maître; mais l'heure était venue où il lui fallait céder l'autel à Jésus-Christ. Et malgré ses infernales manœuvres, l'Évangile fut reçu par un grand nombre de païens de Dijon et des environs. Touchés de la doctrine que leur prêchait Bénigne, frappés de la pureté de sa vie et de la grandeur de ses miracles, ils ouvrirent les yeux à la lumière de la vérité, renoncèrent à leur culte sacrilége, et réclamèrent le baptême avec ardeur.

La première personne qui eut à Dijon le bonheur de recevoir l'ineffable grâce du baptême, fut la vierge Paschasie. Pleine de reconnaissance envers le saint apôtre, qu'elle regarda toujours depuis comme son père, cette sainte fille se dévoua à son service et ne le quitta plus. Après avoir eu part à ses travaux apostoliques, elle cueillit comme lui la palme du martyre, ayant été brûlée vive pour le nom de Jésus. — Que la mémoire de cette vierge généreuse vive à jamais parmi nous!

Pour réunir ses chrétiens dijonnais, le saint bénit deux

oratoires souterrains, l'un hors les murs, dédié à saint Jean-Baptiste et à saint Jean-Évangéliste (1), l'autre dans Dijon même : Saint-Étienne.

Là, nos pères s'assemblaient pour assister aux saints mystères, se nourrir de la divine Eucharistie, et entendre la parole de Dieu. Et cette nouvelle Église marchait dans la crainte de Dieu, étant remplie des consolations de l'Esprit-Saint.

De si heureux succès inondaient l'âme du saint apôtre d'une joie inexprimable. Il n'était pas sans recevoir des nouvelles de ses chères Églises d'Autun et de Langres, sans apprendre les fruits de salut que produisait en plusieurs lieux le zèle de saint Andoche et de saint Thyrse, ses frères bien-aimés, et le triomphe de notre sainte Foi dans la Gaule lyonnaise. Combien tout cela donnait d'accroissement à sa joie et le consolait des fatigues et des souffrances de toutes sortes qu'il lui avait fallu essuyer !

Qui pourrait redire les élans d'amour au milieu desquels son cœur s'élevait à Dieu pour le bénir et le remercier?... Redites-le nous, vous, saints Anges ! qui si souvent en avez été les témoins... Redites-nous ces ferventes prières, ces supplications incessantes, par lesquelles il conjurait le Seigneur de veiller sur nos contrées et de nous conserver fermes dans la Foi... Ah ! redites-nous aussi les paroles ardentes qu'il prononçait, alors que, apercevant à l'horizon le sombre nuage de la persécution, il affirmait à son Dieu que rien au monde ne saurait le séparer de Jésus-Christ.

(1) Sur l'emplacement de cette première crypte « il y a à Dijon une église « parroissiale consacrée à Dieu soubs le tiltre de Saint-Jean, d'une architecture « sans piliers, mais d'une amplitude merveilleuse, qui l'a fait appeler l'une des « plus belles chapelles de France. » (P. CAMUS, év. de Bellay, 1641.) — C'est cette église qu'aujourd'hui on restaure avec tant de goût.

II

Depuis longtemps l'Église catholique soupirait après la paix, lorsqu'en 175, l'empereur Marc-Aurèle, en reconnaissance d'un grand miracle obtenu à son avantage par les prières des soldats chrétiens, défendit, sous peine de mort, de rechercher les chrétiens à cause de leur religion. Mais en 178, trois ans après, le soulèvement des peuples réclamant des victimes, l'empereur les leur livra.

Par suite de ses édits, la persécution se ralluma avec plus de fureur que jamais, et l'empire romain tout entier se souleva contre les chrétiens. Ils furent traqués comme des bêtes fauves, et, sans distinction de sexe, d'âge et de condition, traînés aux plus cruelles tortures. Les martyrs de cette persécution sont innombrables...

« *Mettez à mort les confesseurs du Christ,* » avait écrit Marc-Aurèle au gouverneur de Lyon. Et Dieu sait si ses ordres furent bien exécutés ! Il est impossible de lire sans frémir ce qu'ont souffert les martyrs de la province lyonnaise.

Saint Pothin, saint Andoche, saint Thyrse, saint Félix de Saulieu et une multitude d'autres furent massacrés dès les premiers jours de cette terrible persécution. Saint Bénigne lui-même, après avoir échappé comme par miracle, ne tarda pas à être saisi. Déjà il avait été obligé de s'enfuir loin de Dijon au village de Prenois ; bientôt il quitte de nouveau Dijon et va se réfugier à Epagny, sur la route de Langres.

En ce temps-là, l'empereur étant allé réprimer des troubles survenus en Séquanie, et se trouvant dans notre province, voulut passer à Dijon pour visiter ses nouveaux murs. Cet endroit lui plut ; il ordonna d'y construire un temple à Mercure et d'en interdire l'accès aux chrétiens.

Entendant cette recommandation, un comte appelé Térence dit à l'Empereur :

« Ce que c'est qu'un chrétien, nous l'ignorons. Mais « j'ai vu un étranger à la tête rase, dont l'extérieur et la « vie diffèrent des nôtres. Il s'élève contre le culte de nos « dieux, fait des ablutions sur notre peuple et l'oint de « baume, et opère beaucoup de prodiges devant le peuple. « Après la mort, il promet une autre vie à ceux qui « croient en son Dieu. »

— « Tout cela désigne un chrétien, s'écrie Marc-Au- « rèle ; cherchez-le, et amenez-le lié en ma présence. »

Aussitôt des soldats partent, et, guidés par des traîtres, arrivent à Epagny. On était dans l'automne. Le saint eut connaissance de leur approche, et essaya de leur échapper en s'enfonçant dans la combe boisée d'Epagny. Harassé de fatigue et d'émotion, il venait de s'arrêter sur le bord d'une petite source, à l'abri d'un arbre encore touffu, quand les soldats le prirent. Ils l'enchaînèrent et le conduisirent à l'empereur, qui lui dit :

— « De quel pays es-tu, adorateur du Crucifié, et quel est ton nom ?

Le saint confesseur répondit : — « Nous sommes ve- « nus de l'Orient, moi et mes frères que tu as déjà tués, « envoyés par le bienheureux Polycarpe pour prêcher « aux nations la parole de Dieu. »

Marc-Aurèle reprit : — « Si tu écoutes mes paroles, je « te ferai grand prêtre de mes dieux, et je t'établirai le « premier dans mon palais. »

Indigné d'une telle proposition, Bénigne lui dit : —

« Loup ravissant, je ne veux point de ton sacerdoce.
« Attends-toi à une terrible et éternelle damnation, et
« sache que tu ne me raviras jamais à Jésus-Christ que
« je sers ! »

Marc-Aurèle, furieux de cette apostrophe, ordonna de
le frapper à coups de nerfs de bœuf. Ordre qui fut exé-
cuté avec tant de cruauté que la chair du martyr volait
en lambeaux, et que ses entrailles furent mises à nu en
plusieurs endroits. On l'étendit sur le chevalet ; et là,
sous les coups, il bénissait Dieu et priait disant tout haut :
« *Gratias tibi ago, Domine Jesu Christe, quod propter no-*
« *men tuum hæc pati merui. Præsta, Rex piissime, ut*
« *sustineam omnem pœnam quam iniquissimus Cæsar me*
« *pati præcepit :* Je vous rends grâces, Seigneur Jésus-
« Christ, de ce que, pour votre nom, j'ai mérité de
« souffrir ainsi. Accordez-moi, Roi très clément, de sup-
« porter tous les tourments que l'impie César me fait
« souffrir. »

On le jeta ensuite dans une sombre tour, où l'ange du
Seigneur se rendit visible, le fortifia et ferma ses plaies.
Le lendemain, l'empereur, apprenant ce prodige et
voulant l'attribuer à ses dieux, ordonna que Bénigne
leur offrît un sacrifice d'actions de grâces. Mais comme
il refusait énergiquement, César commanda de le con-
duire à un temple, et là, de le contraindre par la force
à manger des viandes immolées.

Arrivé en ce lieu, l'invincible athlète fit le signe de la
croix, le cœur en haut et les yeux au ciel, il se mit à
prier. Et aussitôt toutes les idoles et les vases servant
aux sacrifices furent brisés et se dissipèrent comme la fu-
mée. Alors le saint, plein de joie, rendit grâces au Seigneur, et, s'adressant au tyran, insulta à ses dieux, qui
avaient fui devant le signe du salut.

Mais, dissimulant son dépit, celui-ci dit : — « Vois, Bé-

« nigne, combien nos dieux désirent faire ta volonté. Si
« tu veux les reconnaître, tu te verras grand en notre
« présence. »

— « Cœur insensé! lui répondit le saint, tes yeux
« mêmes ne te font pas voir quelle est la puissance de
« Jésus-Christ qui a réduit tes idoles en poudre. »

Le tyran le fit alors reconduire en prison, et dit à ses
suppôts : « Apportez une grande pierre creusée, dans la-
« quelle vous plomberez ses pieds, et enfoncez sous les
« ongles de ses mains des alènes brûlantes. Pendant six
« jours ne lui donnez pas à boire, et enfermez avec lui
« des chiens furieux, affamés et altérés, pour qu'ils le dé-
« vorent. »

Pour se rendre à cette prison, le martyr passa par la
porte dite *Porte-aux-Lions,* et par le chemin appelé aujourd'hui *rue des Forges,* qu'il arrosa de son sang. Lorsqu'on l'enfermait, il exhortait les soldats et les tribuns à
croire en Jésus-Christ.

Pendant les six jours qu'il resta dans ce cachot, il ne
cessa de prier, et il eut de nouveau l'ange de Dieu pour
consolateur. Les chiens, devenus doux, ne touchèrent
pas un cheveu de sa tête, ni même la frange de son vê-
tement. L'ange retira les alènes de ses mains, dégagea
ses pieds et le nourrit du pain céleste.

Le sixième jour, à l'ouverture de la prison, on le
trouva sain et sauf et sans aucune plaie.

A cette nouvelle, Marc-Aurèle, irrité, ordonna de lui
briser la tête dans la prison avec une barre de fer, et de
l'achever à coups de lance.

Cet ordre ayant été rapporté au saint martyr, il se regarda avec joie comme la victime de Jésus-Christ, et se
livra, sans hésiter, aux mains de ses bourreaux, priant
Dieu d'accepter le sacrifice qu'il faisait de lui-même à sa
divine Majesté, en union au sacrifice du très saint Ré-

dempteur, pour la gloire de son Nom divin et pour le bien du peuple chrétien.

Aussitôt que le saint Apôtre eut succombé, les chrétiens virent sortir de la prison et voler vers les nues une blanche colombe ; ils sentirent, en même temps, une odeur si suave, qu'ils se croyaient dans les délices du Paradis : c'est ainsi qu'ils apprirent l'entrée du glorieux martyr dans les cieux.

Le jour qui vit le triomphe de saint Bénigne était le 1er de novembre de l'année 178, saint Eleuthère étant Souverain-Pontife. Or c'était la vingt-cinquième de son apostolat et environ la soixantième de son âge.

Il était de taille petite et frêle ; il rasait ses cheveux conformément à l'usage des prêtres grecs et aux règles de saint Anicet ; mais il est probable qu'il les avait longs ainsi que la barbe à l'époque de sa mort. Son visage respirait la douceur et l'énergie tout ensemble, et ses traits portaient l'empreinte des fatigues apostoliques.

III

La bienheureuse Léonille ayant appris le martyre de saint Bénigne accourut de Langres. Elle obtint son corps, l'embauma, l'ensevelit de ses propres mains et le déposa non loin de la prison, mais hors de Dijon, et à quelques pas de la crypte de Saint-Jean, dans un grand sarcophage sans marque extérieure, afin que ces précieux restes fussent à l'abri des ennemis de la Croix.

Plus tard, pour préserver ce saint tombeau des injures

de l'air, et faciliter aux pèlerins le recueillement de la prière, on éleva dessus une petite construction voûtée.

Mais, si la crainte qu'inspiraient ces temps de persécutions ne permettait pas d'en faire davantage à l'extérieur, le saint Apôtre vivait dans tous les cœurs. Sa mémoire et son nom étaient en bénédiction dans toute l'Eglise; les Actes de son martyre se lisaient dans les assemblées des fidèles, et les nouvelles Eglises le mettaient au rang de leurs plus chers protecteurs. Chaque année, aux calendes de novembre, on se pressait en foule dans les cryptes, et, après y avoir passé la nuit en veille et en prières, on célébrait solennellement le jour de sa *passion* et de son entrée au ciel.

A Dijon, son sépulcre et les instruments de ses tortures, gardés comme de précieux trésors, opéraient de nombreuses merveilles : rien ne résistait à leur attouchement. La multitude de miracles dus à l'intercession de l'illustre Martyr entourait son nom d'une auréole de célébrité extraordinaire. Mais, par suite des persécutions toujours continues et des guerres, son sépulcre devint solitaire; on n'y voyait guère que les gens de la campagne : les Dijonnais n'osaient franchir leurs portes. Hélas! voici plus tard les invasions des Barbares, et le tombeau entièrement abandonné..... Ce ne fut qu'à la fin du IVe siècle, quand la paix fut rendue à l'Eglise, que saint Bénigne revit ses enfants se presser auprès de sa tombe. Au VIe siècle eut lieu l'exaltation des précieux restes de son corps par saint Grégoire de Langres.

La petite voûte qu'on avait bâtie sur le sarcophage étant tombée en ruines, saint Grégoire la remplaça par une crypte magnifique. Il jeta dessus les fondements d'une grande et belle église qu'il dédia à l'auguste Martyr. Il voulut que ces lieux sacrés fussent confiés à des religieux, et il fonda pour cet effet à Dijon une communauté de moines, qu'il tira de Réôme (Moustier-Saint-Jean). Telle est l'origine de la célèbre abbaye de Saint-Bénigne de Dijon, laquelle devint plus tard chef d'ordre d'une congrégation bénédictine.

L'église actuelle ne date que du XIIIe siècle; nous la devons au pieux abbé Hugues d'Arc. — Aux jours néfastes de l'impie révolution de 1793, l'église de saint Bénigne fut profanée, ses reliques sacrilégement perdues, et la crypte renfermant son tombeau comblée. Toutes les recherches faites jusqu'ici pour découvrir ce qu'est devenu le corps de saint Bénigne, ont été, hélas! inutiles. Il ne nous reste plus que la tour où fut enfermé le Saint (1), et son tombeau vide, découvert le 30 novembre 1858, et solennellement reconnu par Mgr François-Victor Rivet, notre évêque, assisté des premières autorités de la ville, le 2 décembre suivant. Après la Révolution, l'église Saint-Bénigne a été rendue au culte : elle est aujourd'hui la cathédrale.

On a déblayé la crypte. En ce moment on la répare : bientôt donc il nous sera donné de nous prosterner dans ce *Saint-Lieu*, sur cette tombe si chère à nos cœurs.

(1) Cette précieuse tour se voit encore au fond de la cour de l'hôtel de Mme de la Chapelle, rue Amiral-Roussin. Tandis que le *Castrum Divionense* a entièrement disparu, la Providence a admirablement conservé cette tour. C'est dans sa partie souterraine que se trouve la prison de saint Bénigne : elle est étroite, sombre et humide ; on y descend par un escalier de quinze à vingt marches. Les murs sont nus et tels qu'ils étaient du temps du Martyr. Un autel de pierre, antique et sans ornements, une pauvre image du Sauveur crucifié, sont, avec ses émouvants souvenirs, les seules mais précieuses richesses de ce lieu vénérable.

ÉLÉVATION

Soyez béni, Dieu très bon, qui avez daigné nous faire chrétiens par le ministère de saint Bénigne, que vous nous avez donné pour père.

Et vous, ô Bénigne ! père chéri, saint apôtre, auguste martyr, maintenant que, revêtu de la robe de gloire empourprée de votre précieux sang, vous jouissez d'un grand pouvoir sur le cœur de ce Dieu, pour l'amour duquel vous vous êtes ri des supplices et êtes allé hardiment à la mort, jetez un regard sur ceux que vous aimez... voyez cette vigne que vos mains ont plantée, et écoutez notre prière. Que, par vos soins, Dieu nous accorde votre foi inébranlable, votre ferme espérance, votre ardente charité. Vous êtes notre père, n'avons-nous pas droit à cet héritage ?

Grand Saint, vous êtes encore notre modèle, et, comme des enfants bien nés, nous avons sans cesse les yeux fixés sur vous, pour méditer votre sainte vie et contempler les admirables vertus dont votre âme est le sanctuaire. Fasse le ciel que, sachant les graver dans nos cœurs, nous les imitions dans notre conduite, afin que vous n'ayez pas à rougir de nous, et que, comme vous êtes notre gloire aujourd'hui, nous soyons la vôtre au jour de notre Seigneur.

Ainsi soit-il.

LITANIES DE SAINT BÉNIGNE

Seigneur, ayez pitié de nous.	Kyrie, eleïson.
Jésus-Christ, ayez pitié de nous.	Christe, eleïson.
Seigneur, ayez pitié de nous.	Kyrie, eleïson.
Jésus-Christ, écoutez-nous.	Christe, audi nos.
Jésus-Christ, exaucez-nous.	Christe, exaudi nos.
Père céleste, qui êtes Dieu, ayez pitié de nous.	Pater de cœlis, Deus, miserere nobis.
Fils, Rédempteur du monde, qui êtes Dieu, ayez pitié de nous.	Fili, Redemptor mundi, Deus, miserere nobis.
Esprit saint, qui êtes Dieu, ayez pitié de nous.	Spiritus sancte, Deus, miserere nobis.
Très sainte Trinité qui êtes un seul Dieu, ayez pitié de nous.	Sancta Trinitas, unus Deus, miserere nobis.
Sainte Marie, priez pour nous.	Sancta Maria, ora pro nobis.
Reine des Apôtres, priez pour nous.	Regina Apostolorum, ora pro nobis.
Reine des Martyrs, priez pour nous.	Regina Martyrum, ora pro nobis.
Saint Bénigne, priez pour nous.	Sancte Benigne, ora pro nobis.
Saint Bénigne, notre bien-aimé Père,	Sante Benigne, pater dilectissime,
Saint Bénigne, gloire de la Grèce votre patrie,	Sancte Benigne, Græciæ decus et gloria,
Saint Bénigne, dès votre enfance nourri de la doctrine de saint Jean,	Sancte Benigne, a pueritia charitatem Joannis spirans,
Saint Bénigne, disciple de	Sancte Benigne, discipule et

<table>
<tr><td>saint Polycarpe, dont vous êtes la couronne, priez pour nous.</td><td>corona Polycarpi, ora pro nobis.</td></tr>
<tr><td>Saint Bénigne, miroir fidèle reflétant les vertus du divin Maître,</td><td>Sancte Benigne, Speculum virtutibus Christi splendens,</td></tr>
<tr><td>Saint Bénigne, astre précurseur venant d'Orient nous annoncer le roi des cieux,</td><td>Sancte Benigne, Stella Orientis solem justitiæ nobis prænuntians,</td></tr>
<tr><td>Saint Bénigne, Apôtre de la Bourgogne,</td><td>Sancte Benigne, apostole Burgundiæ,</td></tr>
<tr><td>Saint Bénigne, qui avez enfanté à la foi le jeune Symphorien et les trois Jumeaux,</td><td>Sancte Benigne, Symphoriani et Tergeminorum in fide magister,</td></tr>
<tr><td>Saint Bénigne, parfaitement imbu de la science de la Croix,</td><td>Sancte Benigne, Scientiæ Crucis peritissime,</td></tr>
<tr><td>Saint Bénigne, prédicateur infatigable de l'Évangile,</td><td>Sancte Benigne, Evangelii præco strenuissime,</td></tr>
<tr><td>Saint Bénigne, exact observateur des règles apostoliques,</td><td>Sancte Benigne, Legum apostolicarum observantissime,</td></tr>
<tr><td>Saint Bénigne, habile ouvrier dans l'Église de Dieu,</td><td>Sancte Benigne, in Ecclesiæ Dei operator solertissime,</td></tr>
<tr><td>Saint Bénigne, extirpateur de l'idolatrie,</td><td>Sancte Benigne, Idolorum eversor,</td></tr>
<tr><td>Saint Bénigne, illustre par vos miracles,</td><td>Sancte Benigne, multis clare miraculis,</td></tr>
<tr><td>Saint Bénigne, chargé de chaînes pour le nom de Jésus,</td><td>Sancte Benigne, pro Christo catenis alligate,</td></tr>
<tr><td>Saint Bénigne, inébranlable devant l'impiété de Marc-Aurèle,</td><td>Sancte Benigne, Impii Aurelii minas invicto animo negligens,</td></tr>
<tr><td>Saint Bénigne, copie fidèle de Jésus immolé,</td><td>Sancte Benigne, Christi immolati imago fidelissima,</td></tr>
<tr><td>Saint Bénigne, étendu sur le chevalet,</td><td>Sancte Benigne, equuleo excruciate,</td></tr>
<tr><td>Saint Bénigne, flagellé jusqu'au sang,</td><td>Sancte Benigne, usque ad sanguinem flagellis cæse,</td></tr>
</table>

Saint Bénigne, déchiré par des ongles de fer, priez pour nous.	Sancte Benigne, unguibus ferreis dilaniate, ora pro nobis.
Saint Bénigne, enfermé dans une sombre tour,	Sancte Benigne, in obscura turri incluse,
Saint Bénigne, visité et consolé par un Ange,	Sancte Benigne, ab angelo Domini confortate,
Saint Bénigne, sortant radieux de cette prison,	Sancte Benigne, e custodia gloriose egrediens,
Saint Bénigne, rappelé par le tyran à de nouveaux combats,	Sancte Benigne, novis suppliciis a tyranno addicte,
Saint Bénigne, fort du signe de la Croix,	Sancte Benigne, signo Crucis invicte,
Saint Bénigne, athlète redoutable aux démons,	Sancte Benigne, athleta dæmonibus formidabilis,
Saint Bénigne, dont les pieds furent fixés dans la pierre avec du plomb fondu,	Sancte Benigne, cujus pedes liquido plumbo in petra fixi sunt,
Saint Bénigne, dont les doigts furent percés d'alènes brûlantes,	Sancte Benigne, cujus digiti subulis candentibus perforati sunt,
Saint Bénigne, jeté dans un étroit cachot au milieu de chiens affamés et furieux,	Sancte Benigne, qui inter canes fame et furore frementes in obscurum carcerem conjectus es,
Saint Bénigne, nouveau Daniel épargné et flatté par les animaux,	Sancte Benigne, nove Daniel, qui inter animalia illæsus permansisti,
Saint Bénigne, nourri du pain céleste par l'Ange du Seigneur,	Sancte Benigne, pane cœlesti ab angelo enutrite,
Saint Bénigne, transpercé de deux lances en forme de croix,	Sancte Benigne, bina lancea in formam crucis transforate,
Saint Bénigne, dont le chef sacré fut brisé par un pesant levier,	Sancte Benigne, cujus sacrum caput gravi vecte confractum est,
Saint Bénigne, qui êtes monté au ciel sous la forme d'une blanche colombe	Sancte Benigne, qui sub specie columbæ niveæ in cœlum evolasti,
Saint Bénigne, dont le sang	Sancte Benigne, cujus san-

crie miséricorde pour nous, avec celui de Jésus, priez pour nous.

Saint Bénigne, puissant protecteur de l'Église de Dijon,

Saint Bénigne, la cause et le soutien de notre Foi,

Saint Bénigne, à qui nos saints doivent leur couronne,

O illustre martyr de Jésus-Christ ! glorieux saint Bénigne, priez pour nous.

Afin que le Seigneur conserve et augmente en nous la foi, l'espérance et la charité, glorieux saint Bénigne, priez pour nous.

Afin que, revêtus de l'armure recommandée par l'Apôtre, nous soyons en état de repousser énergiquement les doctrines anticatholiques,

Afin que nous soyons dignes de vous et de nos premiers pères en la Foi,

Afin que nous soyons fidèles aux promesses de notre baptême,

Afin que nous soyons sans cesse altérés et affamés de la divine Eucharistie,

Afin que nous soyons victorieux du démon, du monde et de nous-mêmes,

Afin que nous nous souvenions continuellement de

guis, una cum Christi sanguine, pro nobis misericordiam inclamat, ora pro nobis.

Sancte Benigne, potens Ecclesiæ Divionensis patrone,

Sancte Benigne, Fidei nostræ causa et fulcimentum,

Sancte Benigne, cui nostræ Burgundiæ sancti suas coronas referunt acceptas,

O Christi Martyr præclare, gloriose Benigne, ora pro nobis.

Ut Dominus fidem, spem, charitatem in nobis conservet et augeat, gloriose Benigne, ora pro nobis.

Ut armatura Dei induti impiis fortiter resistere, eorumque doctrinas dispellere possimus,

Ut te patribusque nostris in fide vere digni simus,

Ut Baptismi promissa fideliter exequamur,

Ut divinam Eucharistiam jugiter esuriamus et sitiamus,

Ut dæmonem, mundum et nosmetipsos vincamus,

Ut non cessemus Deum laudare, Jesum imitari, ve-

louer Dieu, d'imiter Jésus-Christ, d'honorer les saints, de secourir l'Église souffrante et d'opérer notre salut,

Afin que nous arrivions tous auprès de vous, glorieux saint Bénigne, priez pour nous.

Agneau de Dieu, qui effacez les péchés du monde, pardonnez-nous, Seigneur.

Agneau de Dieu, qui effacez les péchés du monde, exaucez-nous, Seigneur.

Agneau de Dieu, qui effacez les péchés du monde, ayez pitié de nous.

nerari sanctos, animabus defunctorum opem ferre, et nostram operari salutem,

Ut omnes ad te pervenire mereamur, gloriose Benigne, ora pro nobis.

Agnus Dei, qui tollis peccata mundi, parce nobis, Domine.

Agnus Dei, qui tollis peccata mundi, exaudi nos, Domine.

Agnus Dei, qui tollis peccata mundi, miserere nobis.

ANTIENNE.

Salut, ô Père glorieux !
Salut, étoile tutélaire,
O Bénigne, ornement des cieux !
Gouverne-nous ; vois cette terre
Où tous, triomphants et joyeux,
Nous te reconnaissons pour Père.

℣. Le juste fleurira comme le palmier,

℟. Il croîtra comme le cèdre du Liban.

ANTIPHONA.

Ave, Pater gloriose,
Ave, sidus jam cœleste,
Decorans Benigne cœlum,
Nos guberna, visens humum
Quo lætemur triumphantes,
Te patronum venerantes.

℣. Justus ut palma florebit,

℟. Sicut cedrus Libani multiplicabitur.

ORAISON.

O Dieu ! qui, par la prédication du bienheureux Bénigne, votre martyr, nous avez tirés des ténèbres de l'infidélité, pour nous placer dans l'admirable lu-

OREMUS.

Deus ! qui nos beati Benigni, martyris tui, prædicatione, de infidelitatis tenebris in admirabile Evangelii lumen transferre dignatus es : fac ut ejus inter-

mière de l'Évangile : faites que, par son intercession, nous croissions dans la grâce et la connaissance de notre Seigneur et Sauveur Jésus-Christ, votre Fils. Qui vit et règne avec vous, en l'unité du Saint-Esprit, dans tous les siècles des siècles.

Ainsi soit-il.

cessione crescamus in gratia et cognitione Domini nostri et Salvatoris Jesu Christi Filii tui. Qui tecum vivit et regnat in unitate Spiritus sancti, Deus, per omnia sæculorum.

Amen.

ÉLOGE

DU GLORIEUX MARTYR SAINT BÉNIGNE

(en forme de Litanies, pour être chanté).

Seigneur, ayez pitié de nous.	Kyrie, eleïson.
Jésus-Christ, ayez pitié de nous.	Christe, eleïson.
Seigneur, ayez pitié de nous.	Kyrie, eleïson.
Jésus-Christ, écoutez-nous.	Christe, audi nos.
Jésus-Christ, exaucez-nous.	Christe, exaudi nos.
Père céleste, qui êtes Dieu, ayez pitié de nous.	Pater de cœlis, Deus, miserere nobis.
Fils, Rédempteur du monde, qui êtes Dieu, ayez pitié de nous.	Fili, Redemptor mundi, Deus, miserere nobis.
Esprit-Saint, qui êtes Dieu, ayez pitié de nous.	Spiritus Sancte, Deus, miserere nobis.
Très Sainte-Trinité, qui êtes	Sancta Trinitas, unus Deus,

un seul Dieu, ayez pitié de nous.	miserere nobis.
Sainte Marie, priez pour nous.	Sancta Maria, ora pro nobis.
Reine des Apôtres, priez pour nous.	Regina Apostolorum, ora pro nobis.
Reine des Martyrs, priez pour nous.	Regina Martyrum, ora pro nobis.
Saint Bénigne, priez pour nous.	Sancte Benigne, ora pro nobis.
Bien-aimé de Dieu,	Prædilecte a Deo,
Brûlant amant de Jésus-Christ,	Amantissime Christi,
Temple du Saint-Esprit,	Sacrarium Septenarii,
Tendre enfant de la Vierge Marie,	Infans Virgini carissime,
Etroitement uni aux Anges,	Angelis familiarissime,
Frère des Saints,	Germane Sanctorum,
Petit-fils spirituel de saint Jean,	Filiole Joannis,
Disciple de saint Polycarpe,	Discipule Polycarpi,
Ami de saint Irénée,	Irænei amice,
Emule de saint Andoche,	Andochii æmule,
Apôtre de l'Evangile,	Evangelii apostole,
Martyr de la Foi,	Martyr Fidei,
Colonne de l'Eglise,	Columna Ecclesiæ,
Lumière de la Bourgogne,	Lumen Burgundiæ,
Patron de Dijon,	Patrone Divionis,
Défenseur de notre province,	Defensor nostræ gentis,
Blanche colombe,	Columba nivea,
Rose empourprée,	Rosa purpurea,
Palmier fleurissant,	Palma florens,
Olivier fructifiant, priez pour nous.	Oliva fructifera, ora pro nobis.
℣. Saint Bénigne, très doux Père,	℣. Sancte Benigne, Pater dulcissime,
℟. Nous sommes vos petits enfants.	℟. Nos filiolos tuos esse gloriamur.
Agneau de Dieu, qui effacez les péchés du monde, pardonnez-nous, Seigneur.	Agnus Dei, qui tollis peccata mundi, parce nobis, Domine.

Agneau de Dieu, qui effacez les péchés du monde, exaucez-nous, Seigneur.

Agneau de Dieu, qui effacez les péchés du monde, ayez pitié de nous.

Agnus Dei, qui tollis peccata mundi, exaudi nos, Domine.

Agnus Dei, qui tollis peccata mundi, miserere nobis.

ANTIENNE.

Bénigne, auguste martyr, portez nos prières au plus haut des cieux : obtenez-nous de jouir de Dieu dans la gloire éternelle. Alleluia.

℣. Seigneur, vous avez couronné sa tête

℟. D'un diadème étincelant de pierreries.

ANTIPHONA.

Athleta fortis, Benigne, præcamur ferto preces nostra super sidera quo mereamur adipisci Dei dona te favente in æterna gloria. Alleluia.

℣. Posuisti, Domine, super caput ejus

℟. Coronam de lapide pretioso.

ORAISON.

O Dieu ! qui, par la prédication du bienheureux Bénigne, votre martyr, nous avez tirés des ténèbres de l'infidélité pour nous placer dans l'admirable lumière de l'Evangile, faites que, par son intercession, nous croissions dans la grâce et la connaissance de notre Seigneur et Sauveur Jésus-Christ, votre Fils. Qui vit et règne avec vous, en l'unité du Saint-Esprit, dans tous les siècles des siècles. Ainsi soit-il.

OREMUS.

Deus ! qui nos beati Benigni, martyris tui, prædicatione, de infidelitatis tenebris in admirabile Evangelii lumen transferre dignatus es : fac ut ejus intercessione crescamus in gratia et cognitione Domini nostri et Salvatoris Jesu Christi Filii tui. Qui tecum vivit et regnat in unitate Spiritus sancti Deus, per omnia sæcula sæculorum. Amen.

Vu et permis d'imprimer :

Dijon, le 17 août 1866.

BOUZERAND, vic. gén.

Imp. J.-E. Rabutôt.